FRANCISCO FAUS

A PACIÊNCIA

4ª edição

São Paulo
2023

Copyright © 1995 Quadrante Editora

Capa
Provazi Design

Dados Internacionais de Catalogação na Publicação (CIP)

Faus, Francisco
  A paciência / Francisco Faus — 4ª ed. — São Paulo: Quadrante, 2023.
  ISBN: 978-85-7465-518-5
  ISBN: 978-85-7465-519-2

  1. Vida cristã – Autores católicos 2. Vida espiritual – Autores católicos I. Título

CDD-248.4

Índice para catálogo sistemático:
1. Paz : Vida cristã : Cristianismo 248.4

Todos os direitos reservados a
QUADRANTE EDITORA
Rua Bernardo da Veiga, 47 - Tel.: 3873-2270
CEP 01252-020 - São Paulo - SP
www.quadrante.com.br / atendimento@quadrante.com.br

SUMÁRIO

INTRODUÇÃO 5

O ESTOJO DO MUNDO 17

OBTER E EDIFICAR 33

HISTÓRIAS DE AMOR PACIENTE 61

DEMORAS, CANSAÇOS E ARDORES 97

INTRODUÇÃO

O homem na calçada

O homem estava ali, perto de nós — de mim e de um meu amigo —, na mesma calçada, a uns vinte metros de distância. Era um sessentão de estatura mediana e puxava para gordo. Chamava a atenção porque gesticulava com invulgar veemência. Dava para perceber, mesmo de longe, que se lhe contraíam as feições. De súbito, elevou fortemente a voz, e então chegou até nós uma frase perfeitamente audível:

— Tenha santa paciência!

Nada havíamos captado, nem eu nem o meu amigo, da agitada conversação anterior. Mas uma certeza nos ficava: aquele homem acabava de perder a paciência, que devotamente invocava como «santa».

Era evidente que o homem gordo não tinha gostado de alguma coisa de que lhe falara o seu interlocutor. E o pedido de que tivesse santa paciência — explodido num desabafo — fora sem dúvida provocado por uma contrariedade: o outro afirmara, narrara ou defendera algo que o tinha aborrecido, que o tinha contrariado. São sempre as contrariedades que nos fazem perder a paciência. Como é lógico, nunca nos impacientamos quando tudo nos sorri e se amolda aos nossos desejos.

Se prestarmos atenção, poderemos observar que, na nossa linguagem comum, a perda da paciência anda sempre associada a alguma coisa difícil de aceitar, de aturar, de «engolir», de sofrer: «Haja paciência para aguentar isso», «Aquilo já está saturando as paciências», «É dose...», dizemos. E é claro que, com isso, estamos falando de algo desagradável, que nos aborreceu; quase sempre, de uma pessoa ou de uma situação que nos vem contrariando ou incomodando desde há um certo tempo. Perante a adversidade instantânea (como a agressão verbal de um motorista — «domingueiro!» — que passa por nós em alta velocidade), não caímos propriamente na impaciência, mas — como veremos — logo na ira.

Três contrariedades e duas reações

Se pensarmos um pouco, analisando o que se passa conosco, perceberemos que costumamos padecer de *três tipos* de contrariedades e que, em face delas, temos *dois tipos* de reações.

Existem as contrariedades provocadas pelos outros: eles têm aqueles modos desagradáveis de falar, de olhar ou não olhar, de retrucar ou não responder, de esquecer ou estar lembrando-nos certas coisas a toda hora, de dirigir carro — dirigir? —, de se atrasar, de impor... Existem depois as contrariedades procedentes de nós mesmos: «Não me aguento, voltei a deixar a chave de casa no escritório!», «Por que sempre gaguejo ao falar na sala de aula?», «Não consigo contar uma piada que faça rir a ninguém!» E, por último, as que decorrem das circunstâncias: «Já faz sete meses que estou sem emprego!», «Desde que apanhei aquela bronquite, nunca mais deixei de tossir!», «Justamente quando fui tirar férias, veio aquela frente fria estacionária e não parou mais de chover!»

De fato, quase todas as contrariedades se enquadram em algum desses três capítulos.

Ora, ao lado dessas três espécies de contrariedades existem, como mencionávamos acima, dois modos diferentes, ainda que muito «aparentados», de reagir. Vale a pena focalizá-los.

O *primeiro modo* é a *impaciência*. É preciso dizer desde já que a impaciência, em si mesma, na sua essência mais íntima, consiste em *não saber sofrer*. Precisamente a palavra paciência deriva do verbo latino *pati,* que significa padecer. Por isso, a virtude da paciência é a capacidade de padecer dignamente, a arte de sofrer bem, e mais concretamente a paciência cristã é a virtude que nos dá, com a graça divina, a capacidade de sofrer, de suportar as contrariedades e a dor — especialmente quando se prolongam — com fé, esperança e amor.

Uma vez esclarecido isto, pode também ficar claro que a irritação, a brusquidão, a raiva ou a cólera não fazem parte, propriamente falando, da impaciência — ainda que muitas vezes a acompanhem —, mas da *ira*. É bem verdade que a ira — a que nos referiremos daqui a instantes — e a impaciência convivem muitas vezes no nosso dia a dia como duas irmãs siamesas. Mas é útil não perder de vista, na leitura destas páginas dedicadas à paciência, que a impaciência se dá — mesmo que não se faça acompanhar de nenhuma emoção ou explosão — simplesmente quando não sabemos aceitar ou aceitamos de má vontade aquilo que nos contraria ou nos faz sofrer.

A impaciência é rica em apresentações. Pode-se manifestar quer no nosso interior, quer externamente, de maneiras muito variadas. Com muita frequência, aflora em forma de queixas internas (quando a pessoa se lamenta no íntimo, sentindo-se vítima), ou de reclamações ásperas ou lamurientas com os outros, ou de cobranças insistentes, ou de suspiros lastimosos, ou de trejeitos e desabafos reveladores de *cansaços morais* («Já não suporto mais! Cheguei ao limite! Isto é superior às minhas forças!»). Também são frutos da impaciência os comentários de desânimo e os olhares de tristeza... É interessante saber que um dos principais efeitos da paciência, mencionado por São Tomás de Aquino, é expulsar a tristeza do coração[1].

---

(1) *Suma Teológica*, II-II, q. 136, a. 2, 1.

A ira é diferente

Ao lado da *impaciência*, um segundo modo de reagir perante as contrariedades é a *ira*, a *irritação* já acima mencionada como assídua parceira da impaciência. Quando alguém se deixa levar pela ira, é porque perdeu — repentinamente ou por acumulação de contrariedades — o controle emocional. A pessoa irada não tem mais autodomínio e extravasa a sua revolta por meio do grito (os terríveis gritos das mães desgovernadas!), do safanão, da injúria, do palavrão (abra-se o ouvido no meio do trânsito de uma grande cidade), do comentário ofensivo e grosseiro, da «cortada» (fecha a cara, levanta-se da mesa e vai-se embora sem acabar de jantar) ou da violência: desde dar um pontapé num objeto ou fechar uma porta com estrondo, até sacar o revólver e disparar.

Assim é a ira. Parenta próxima, irmã siamesa até — dizíamos — da impaciência, mas diferente dela. Não é inútil, pois, repisar que a *impaciência* é, essencialmente, a incapacidade de sofrer, de sofrer «com classe», dignamente, como um filho de Deus.

Importa insistir nisto porque é muito comum, hoje em dia, considerar como modelos de paciência *comportamentos mansos* (sem ira nenhuma) que, na realidade, são exemplos da mais perversa impaciência. Refiro-me, por exemplo, ao caso, tristemente trivial, de casais que se separam, após poucos ou muitos anos de matrimônio e, fazendo alarde de uma pretensa «maturidade», se gabam de que «não brigaram», não quiseram nem ouvir falar em separação litigiosa, e entraram em acordo «como gente civilizada» (acomodando suave e serenamente os seus dois egoísmos).

Por trás de tanta calma, o que é que houve? Vejamos de perto, e logo perceberemos que existiu uma elementar incapacidade de sofrer, de aceitar e superar com generosidade as contrariedades e divergências *normais* de uma vida a dois. Ou seja, houve a mais pura impaciência, uma impaciência radicalmente egoísta que, por apresentar-se cinicamente calma e sorridente, é especialmente abjeta. Costumam ter maior grandeza de coração e de caráter — e mais conserto — os que cometem o erro de separarem-se arrastados por uma erupção vulcânica de raiva, de ira, de amor-próprio ferido. A ira, às vezes, é apenas um sinal de fraqueza. Mas a infidelidade fria e calculista é sempre o retrato do egoísmo.

Mas deixemos a ira para outra ocasião, e tentemos enfronhar-nos na impaciência, que é o tema que agora nos ocupa. E antes de mais, como começo de conversa, será preciso reconhecer que todos nós, de um modo ou de outro, padecemos deste mal. Ninguém escapa. Por isso, será interessante procurarmos descobrir por que e como é que nos impacientamos, a fim de enxergarmos melhor os caminhos que nos podem conduzir à paciência, essa virtude tão amada, tão desejada e tão pouco praticada.

O ESTOJO DO MUNDO

Os belos estojos

O leitor há de concordar comigo em que uma das coisas mais belas do mundo é um bom estojo. Ainda há poucos dias, ficava eu extasiado diante do estojo deslumbrante de uma caneta alemã. É verdade que era dez vezes maior do que a caneta, mas seus brilhos nacarados, sua pátina ambarina e, sobretudo, o veludo roxo-azulado — macio e aristocrático — do interior, onde a caneta dourada se encaixava à perfeição, eram de deixar de queixo caído.

Todos nós já admiramos, provavelmente, a beleza e o ajuste preciso do estojo de um relógio novo, de uma flauta reluzente, de uma joia... Haveria assunto para escrever um livro inteiro sobre as maravilhas dos estojos. E, como é lógico, nesse livro não poderia faltar, por contraste, um capítulo dedicado aos maus estojos. Como é desagradável um estojo ruim, em que o objeto guardado dança, chacoalha com um barulho irritante e acaba por estragar-se a si mesmo e estragar os nossos nervos.

Mas todas estas digressões sobre estojos, que têm a ver com a paciência?

— Desculpe — haveria de responder a quem fizesse essa pergunta —, talvez eu tenha posto o carro à frente dos bois. Só um pouco de paciência — estamos nisso —, e daqui a nada vamos ver que estojo e paciência são duas coisas muito relacionadas.

Para isso, basta que pensemos se não é verdade que um dos nossos desejos mais íntimos é que o mundo (a vida, as coisas, os acontecimentos e as pessoas) funcione como um estojo aveludado e perfeitamente modelado, em que se encaixem sempre suavemente, sem colisões nem atritos, os nossos sonhos, os nossos desejos, os nossos caprichos, as nossas manias e até mesmo os nossos defeitos.

Ah, se tudo na vida fosse assim! Para o meu mau humor, o estojo de cetim da compreensão dos outros; para a minha doença, o estojo de seda de um serviço público de saúde com a aparelhagem funcionando e sem filas; para o meu trabalho, o estojo adamascado de chefes que me louvem e subordinados que em tudo me obedeçam; e, lá em casa, o veludo amabilíssimo dos filhos dóceis e agradecidos, sempre prontos a sussurrar com um sorriso carinhoso: — «Mamãe e papai têm razão», e o de um marido ou uma mulher que, sem pensarem em problemas e cansaços pessoais, só saibam dizer, com o olhar mais terno: — «Meu bem, que gostaria de fazer hoje?»

Que fantástico um mundo-estojo assim! É melhor nem pensar nele porque, depois, ao abrirmos os olhos à realidade, ficaríamos machucados. De qualquer modo, é indiscutível que, se o mundo fosse o nosso suave, ajustadinho e macio estojo sob medida (incluindo-se nessa «medida» também os auxílios imediatos de um Deus tão «bom» que nos fizesse sempre as vontades), a impaciência desapareceria do mapa e deveria ser apagada dos dicionários.

Estojos desajustados

Mas, uma vez que não vivemos no *País das Maravilhas*, como Alice, e sim na *Terra dos Homens* de que falava Saint-Exupéry, forçoso é que reconheçamos que a toda hora o estojo do mundo falha, machuca, não abre, não fecha e se desajusta ou se desengonça. E então a impaciência começa a brotar, a crescer, e a dar os seus, digamos, «frutos» (os já referidos lamentos, tristezas, reclamações e quejandos).

As formas de desajuste e inadaptação ao estojo da realidade, isto é, as impaciências do dia a dia, são tão ricas em número como as espécies de insetos num livro de entomologia. Bastaria observar com um pouquinho de atenção retalhos de um único dia na vida de qualquer família normal para podermos elaborar um volumoso dicionário de impaciências. Lembremos algumas das mais corriqueiras, a título de exemplo e só para mencionar o que Nelson Rodrigues chamaria o «óbvio ululante».

Papai acorda mais cedo e vai preparar o café (ofício cada dia mais masculino). Primeira «fechada», naquela hora de olhar estremunhado e nervos mal temperados: da torneira não sai um pingo d'água, porque é dia de corte devido à estiagem; e o pior é que o jornal tinha avisado, e já é a quarta vez que se esquece disso num mês. Segunda «fechada»: a menina, após a explosão de um estrondoso rádio despertador e mais três séries de violentas batidas da mãe na porta do quarto, continua a dormir, e o pobre progenitor de emprego ameaçado, que já está atrasado para o serviço, vai ter que deixá-la antes, a ela e ao Rodrigo, na escola. Ó estojo mal ajustado! O dia já começa, como diria Guimarães Rosa, com «o mundo à revelia»!

Mas o que começa, continua. Quando o aflito pai ia ligar para o escritório, avisando que uma emergência o impediria de participar da primeira reunião, o imprescindível telefone, tão necessário, está ocupado. Por quem? Pela filha mais velha, é lógico, que já leva vinte minutos na sua primeira conversa do dia com o namorado. «Sempre é assim!», desabafa o pobre pai acuado. Mas a bronca não elimina quinze minutos mais, mínimo regulamentar para completar o horário do matutino namoro. O estojo continua sem funcionar.

E quando por fim o homem, esfalfado antes de ter começado a trabalhar, consegue sair à rua com o velho carro usado, adquirido a preço camarada de um colega, os olhos batem instantaneamente no para-lama afundado..., e a última que pegou no carro foi a mulher. — «Mais uma vez, outra vez!», exclama o nosso protagonista, praticando sem o saber um ato teologicamente perfeito de impaciência.

Será, porventura, preciso acrescentar que, ao conseguir entrar na avenida, com um barulhinho no motor que deixa o coração em sobressalto, o trânsito está parado? O engarrafamento é monumental, fora do comum — que é comum mesmo —, devido a uma carreta que se incrustou de frente no canteiro central e está atravessada na pista. — «Mais essa! E depois dizem que não existe a lei de Murphy!»

Se quiséssemos continuar pintando esse quadro escuro de contrariedades cotidianas, não poderia faltar uma referência aos comentários mordazes dos colegas de escritório, porque o time dele «mais uma vez» perdeu, nem faltaria a queixa contra o infernal barulho da rua que tanto dificulta trabalhar; e assim, após inúmeros aborrecimentos, veríamos o nosso homem chegar a casa num tal estado de ânimo que qualquer pergunta da mulher lhe pareceria uma ofensa.

Poderíamos, sim, pintar este quadro, mas — ainda que tivesse um fundo realista — seria completamente falso. A verdade é que, salvo em raros dias que são exceção, a vida não se compõe de uma sequência ininterrupta de contrariedades. Graças a Deus, há também muitas satisfações e muitas alegrias e, normalmente, para quem não estiver cego, o mais justo é terminar o dia fazendo uma enorme lista de bênçãos recebidas de Deus, de males e perigos evitados, de proteções «descaradas» dos Anjos da Guarda, além de muitos detalhes simpáticos do próximo, de modo que o coração sinta a necessidade de elevar uma emocionada ação de graças. Se fôssemos sinceros, veríamos que o elenco das bênçãos — tão belas como habituais — é normalmente bem superior ao das contradições.

À procura do criminoso

Isto, porém, não elimina o fato de que as contrariedades existem, e é delas que, como de um gerador elétrico, surge a corrente contínua ou alternada da impaciência.

Se nos perguntassem de chofre: «Por que você fica impaciente?», logo apontaríamos o culpado: «Tal contrariedade mais ou menos frequente, mais ou menos constante». O culpado, o «criminoso», o agente provocador, é sempre a contrariedade que acomete, azucrina e faz sofrer.

Caso pensemos assim — com esta simplificação tão cândida —, será bom que observemos um fenômeno: nem todo o mundo fica impaciente diante das mesmas coisas. Há, portanto, «algo» dentro de nós que nos faz receber «determinadas» contrariedades — muitas ou poucas — de um modo negativo e que desemboca na impaciência, ao passo que outras não. O que é esse «algo»? Se conseguirmos enxergá-lo, teremos aberto um bom caminho para diagnosticar a etiologia da impaciência e para ver os remédios que conduzem à mais saudável paciência.

Pensemos, além disso, que — tal como acontece com a preguiça —, afora os casos raros de infecção generalizada (como a «preguiça integral» e a «impaciência permanente»), o defeito da impaciência costuma ser «especializado». Cada um de nós tem as «suas» impaciências particulares, mexe-se dentro do campo da sua especialização. Pode ser que pertençamos, por exemplo, à turma daqueles «especialistas» que não têm paciência para escutar o próximo, sobretudo o mais próximo (marido, mulher, filhos). Sempre me recordarei de um bispo velhinho, a quem — por razões de trabalho — visitava com certa frequência. Como muitos anciãos, gostava de recordar coisas passadas, e eu — por respeito e inibição, pois era muito jovem — ficava a ouvi-lo, de modo que praticamente nunca abria a boca: limitava-me a deixá-lo falar. Passado algum tempo, soube com espanto que ele comentara a um colega que eu «tinha uma conversa muito agradável»! Senti vergonha, porque não tinha consciência de estar sendo paciente, e aprendi uma lição.

Para mencionar outro exemplo: não pertenceremos por acaso à turma especializada dos que jamais admitem interrupções? Estão «na deles» e dali não saem. Por mais que um filho, ou a esposa ou qualquer outra pessoa precise da sua atenção, da sua palavra ou da sua ajuda, o «homem--intrinsecamente-ocupado-em-suas--coisas-muito-importantes» vai limitar--se a «responder», impaciente, com um olhar de poucos amigos, unido a um ronco gutural ininteligível, mas perfeitamente interpretável.

E, ainda, não pertenceremos talvez àquele outro rol de pós-graduados, conhecido como «a turma dos impacientes mascarados», que já apareciam acima se divorciando? — «Sou muito paciente, dizem esses mascarados. Não brigo nunca!» Mas sempre, sistematicamente, fogem lisos como uma cobra d'água, de enfrentar questões difíceis e aborrecidas (uma conversa a fundo com o filho, muito necessária), de aceitar compromissos (fazer oração diariamente, ler um livro de formação cristã) ou de assumir responsabilidades (colaborar habitualmente num trabalho assistencial). A razão disso não está nem na falta de tempo, nem na falta de habilidade, mas no fato puro e simples de que «não querem saber», «não querem ter trabalho», ou seja, *não querem sofrer*. E eis neste caso a impaciência em estado quimicamente puro, em forma de uma completa falta de generosidade para aceitar com fé, esperança e amor «o que contraria», aquilo de que «não gostamos», isto é, o sacrifício e o sofrimento que Deus nos pede para acolher.

OBTER E EDIFICAR

A mão e a contramão

— Isso me pegou na contramão! — diz o impaciente contrariado.

Tem razão. Aquilo lhe foi de encontro e o abalroou, chocando-se com os seus desejos, com a sua tranquilidade ou com o seu bem-estar.

Mas, ao escutarmos essa sua queixa, seria lógico que lhe perguntássemos:

— E... qual é a sua mão?

Em matéria de paciência, talvez seja esta a pergunta fundamental, a que melhor nos pode conduzir àquele «algo» que mencionamos acima e que é a verdadeira causa das nossas impaciências.

Todos temos *mão* e *contramão* na vida. A *mão* é o objetivo para o qual se orientam principalmente os nossos desejos, as nossas lutas, as nossas ambições, as nossas esperanças de realização e de felicidade. Essa *orientação fundamental* é a autêntica diretriz do nosso coração, das nossas reflexões, dos nossos devaneios e dos nossos empenhos.

Constatamos esta realidade em nós e nos outros. E, ao mesmo tempo, verificamos que essa *orientação fundamental* varia de um homem para outro. Mais ainda, que a *mão* dessa direção de vida tem sentidos contrários, conforme as pessoas. Um professor universitário, entusiasmado com as suas pesquisas, não pode viver sem os seus livros e o seu estudo, chegando a sacrificar indevidamente a esse ideal científico até a saúde e a família. Pelo contrário, um estudante vadio não consegue viver nem conviver com os livros e o estudo. O contraste é ainda mais marcante se entramos a fundo nas questões em que se enraízam o sentido e o valor da vida. Para um santo, um mundo sem Deus seria uma noite horrenda, a quintessência do inferno. Para um agnóstico, Deus é perfeitamente dispensável, e todas as coisas estão niveladas pela mesma indiferença.

Se procurarmos meditar na vida, e conseguirmos lucidez suficiente para pensá-la em profundidade, perceberemos que todas as atitudes básicas, todas as orientações «de fundo», todas as «mãos», se reduzem, em último termo, a duas, que podem ser enunciadas em duas palavras: *obter* e *edificar*.

«Dá-me a parte que me corresponde»

É comum perguntar a uma criança: — «O que você quer ser quando crescer?» A resposta pode ir desde «engenheiro igual ao papai» até «bombeiro» ou «jogador da seleção brasileira».

Menos comum é perguntar: — «O que você quer *fazer* quando for grande?» Possivelmente, a resposta será: «Estudar, namorar, casar»... Mas outras crianças ficarão desnorteadas perante uma pergunta dessas. Elas sabem bem qual é a imagem ideal de si mesmas em seus «sonhos», mas custa-lhes considerar a vida como tarefa.

Ora, o que é totalmente incomum é perguntar: — «O que você quer *dar*, o que você gostaria de *dar* quando for grande?» E, no entanto, esta é a única pergunta que deveria fazer realmente sentido para um ser humano.

A atitude de muitos perante a vida é radicalmente egoísta. O mundo é «para mim», a vida é «para mim». Mesmo os amores são vistos como um meio de obter o benefício da realização pessoal. É por isso que muitos pensam em marido ou mulher só enquanto «gostarmos», ou seja, enquanto o egoísmo receber vantagens dessa união. É só começarem, porém, os sacrifícios, que haverá despedida e partirão para outra. E os filhos? Às vezes, nem sequer se pensa neles, e se espera tanto para tê-los que — com perdão do leitor — a decisão de deixar descendência acaba por ser tomada depois da menopausa.

O egoísta, aquele que só quer usufruir da vida, que quer «realizar-se» colocando o seu «eu» como meta e centro do mundo, esse só sabe repetir as palavras que Cristo põe na boca do filho pródigo: «Pai, *dá-me* a parte que *me toca*» (cf. Lc 15, 12).

O egoísta é monótono. Dirige-se a Deus e aos outros, dizendo sempre: «Dá-me!» É um homem que vive para pegar, para tomar, para armazenar, para desfrutar, em suma, para *obter*...

O egoísta parece ter, dentro do coração, um cachorrinho obsessivo, que dia e noite late sem parar, com voz esganiçada e estridente: Eu! Eu! Eu! E, quando a voz afina: Mim! Mim! Mim!

Só que o mundo está repleto de outros cachorros iguais e lhe responde com o eco das suas próprias palavras, de modo que por toda parte se lança contra ele o mesmo ganido: Eu! Eu! Eu! Certamente o mundo não costuma fazer-nos a toda hora reverências orientais nem nos estende aos pés tapetes vermelhos.

Na contramão dos homens e de Deus

Desse entrechoque de egoísmos, logicamente, hão de sair faíscas. Um encontrão! Uma cotovelada! Um «chega pra lá!» Um «eu primeiro!» Um «espere um pouco e você vai ver!» A colisão de egoísmos é inevitável, pois o meu egoísmo sempre vai na contramão do outro, e é fisicamente impossível colocar dois centros diferentes no mesmo círculo ou dois umbigos do mundo exatamente no mesmo ponto.

Estamos vendo, e parece coisa clara, que a maior parte das nossas impaciências são apenas *egoísmos contrariados*. Se as fôssemos examinando uma após outra, numa espécie de microscópio espiritual, acabaríamos verificando que, nelas, nas impaciências, estão todas as cores de que o egoísmo humano se tinge, quer seja a cor orgulhosa, quer a comodista, a hedonista, a sensual ou a invejosa... Todas aquelas cores do espectro em que a luz triste do egoísmo se dispersa.

Alguém já disse — sem dúvida com exagerada dureza — que o mundo é um chiqueiro de egoísmos, onde estes, em recinto fechado, se mordem e dilaceram. Algo parecido com isso é o que não tardará a descobrir, por experiência própria, quem adotar como filosofia de conduta «gozar a vida», «passar o melhor possível», «conseguir o máximo», «levar vantagem em tudo».

O pior, porém, não é que isso tudo não passe de uma ilusão trágica, decepcionante, num mundo que não nos abre alas como ao seu «príncipe». O pior é que o egoísta, por princípio, anda sempre *na contramão de Deus*, e isso é muito mais sério e perigoso.

Deus só tem uma *mão:* o Amor. O egoísmo trafega em outro sentido. É significativo que uma condição prévia para andar na mão de Deus e para aprender o amor cristão seja esta: *Quem quiser salvar a sua vida* — diz Cristo — *a perderá; mas quem perder a sua vida por amor de mim* [quem souber sacrificá-la por amor], *a salvará* (cf. Mt 16, 25 e Mc 8, 35). A *mão* de Deus é o Amor. Sair dela é atravessar-se na estrada, e aí todas as colisões são inevitáveis.

O egoísmo colide com tudo e, além disso, tem a triste faculdade de tornar negativas todas as coisas, opondo-as a si. O egoísta, por exemplo, em vez de valer-se do temperamento da esposa para saber «como» deve amá-la, serve-se disso como motivo para humilhá-la e ofendê-la. Não pensa: «Ela é lenta, vou estimulá-la, vou ajudá-la». Pensa: «Ela é lenta; atrasa tudo! Não julgava que fosse tão lerda quando casei! Isto não pode continuar!» São duas maneiras opostas de reagir perante uma mesma situação. Duas maneiras que se podem dar em todas as situações. As mais belas coisas estiolam nas mãos do egoísta.

Vale a pena repisar bem a afirmação de que o nosso egoísmo é a causa fundamental dos nossos aborrecimentos. Assim como o lendário Rei Midas tinha o poder de transformar em ouro tudo o que tocava, o egoísta tem a virtude de transformar em pontas, em cacos de vidro, em navalhas e espinheiros, tudo o que não se curva aos seus desejos.

O que a vida espera de nós

No relato autobiográfico intitulado *Em busca de sentido: um psicólogo no campo de concentração*[1], o psiquiatra Viktor Frankl relata o ambiente de profundo abatimento que se ia apossando do espírito de seus companheiros de barracão, no campo de concentração nazista em que se encontravam, à medida que as expectativas de libertação se afunilavam e o futuro aparecia cada vez mais sombrio.

Era comum ouvir-se dizer: — «Eu já não espero mais nada da vida».

«Que resposta podemos dar a essas palavras?» — perguntava-se Frankl. E a seguir, com vibrações de descoberta, explica a nova luz que se acendeu nele e que procurou transmitir aos outros:

«Do que realmente precisamos é de uma mudança radical da nossa atitude perante a vida. Temos que aprender nós

---

(1) 3ª ed., Sinodal-Vozes, 1993, págs. 76 e segs.

mesmos, e depois ensinar aos desesperados, que na verdade não é importante o que nós esperamos da vida; importante é *o que a vida espera de nós».*

Numa noite em que um corte de luz mergulhou os prisioneiros numa depressão ainda maior, Frankl, embora gelado e sonolento, irritado e cansado, sentiu que era preciso fazer alguma coisa para infundir ânimo àqueles pobres farrapos humanos que já desistiam da vida. Levantou-se, então, e falou. Expôs com veemente ardor a sua descoberta. E essa ideia de que a vida tem um sentido infinitamente superior ao de simplesmente satisfazer desejos, obter coisas, passar bem, gozar de boa saúde, invadiu, como um clarão de esperança, aqueles corações agoniados.

Entenderam que Deus, a esposa, os filhos, os amigos, o mundo *esperavam deles* (deles que pareciam animais acuados, prestes a serem levados para o matadouro) um testemunho — na vida ou na morte — de que o ser humano foi feito para algo muito maior do que comer, beber, gozar, rir na fortuna e chorar na adversidade. Deus e os outros esperavam algo que só cada um deles, com grandeza de alma, podiam dar. Deus e o mundo «precisavam» de cada um deles!

Esta concepção da vida, como é óbvia, opõe-se frontalmente à atitude egoísta acima descrita. É a outra possível vertente da nossa existência. A única verdadeira. A vida só pode ser encarada como uma *missão* a cumprir, que nos é confiada por Deus, como uma *edificação* de que somos responsáveis e de que outros dependem. Não vivemos para *obter*, vivemos para *edificar*.

Querendo edificar uma torre

O próprio Cristo utiliza a imagem da edificação para falar de nós. Diante do seu futuro, o homem é um construtor. Deus facilita-lhe o material, desvenda--lhe aos poucos as linhas mestras da «obra» a ser realizada e estende-lhe a mão para ajudá-lo na tarefa. Mas cada qual é responsável por fazer a obra bem feita. *Quem de vós, se quiser edificar uma torre, não se senta primeiro e calcula...?* (Lc 14, 28).

Aprofundando na imagem da edificação, Cristo diz-nos ainda como se deve fazer o cálculo, qual é a garantia de que a construção será sólida e indestrutível: *Aquele que ouve as minhas palavras e as põe em prática é semelhante a um homem prudente que edificou a sua casa sobre rocha. Caiu a chuva, vieram as enchentes, sopraram os ventos e investiram contra aquela casa: ela, porém, não caiu, porque estava edificada sobre rocha* (Mt 7, 24-27).

Construir sobre rocha, fazer uma edificação que nenhuma contrariedade — vento ou chuva, tremores ou enchentes — possa abalar, só se consegue quando o alicerce sobre o qual se levanta é a palavra de Cristo: *Aquele que ouve as minhas palavras e as põe em prática...*

É a *palavra*, é a mensagem de Cristo que indica a «mão de direção» que Deus quer deixar sinalizada no coração dos homens: a mão do Amor. Amar a Deus de todo o coração, com toda a alma e com todas as forças; amar o próximo como a nós mesmos, mais ainda, como Cristo nos amou — *ninguém tem maior amor do que aquele que dá a vida pelos seus amigos* (Jo 15, 13) —, este é o alicerce, este é o pilar firmíssimo, esta é a «mão de Deus»! Quando se vai por ela, descobre-se que a *única* coisa que a vida e as pessoas nos estão pedindo a toda hora é amor: amor consistente na aceitação confiante da Vontade de Deus e da sua Cruz santa; ou amor que aprenda, num *crescendo* que nunca termina, a compreender os outros, a desculpá-los, a perdoá-los, a servi-los, a dar-se sem cálculos nem mesquinharias.

Quando nos decidimos a enveredar por essa senda, ficamos pasmados ao perceber que cada vez há menos coisas que nos pegam na contramão e nos fazem perder a paciência. E isto é assim porque cada vez se torna menor o egoísmo que trafega em sentido contrário ao do amor.

Façamos uma pequena experiência. Escrevamos em forma de lista todas as coisas que, na última semana, nos aborreceram e mexeram com a nossa paciência. A seguir, diante de cada item, anotemos uma pergunta: que tipo de amor Deus me pedia aí? E prossigamos a experiência, imaginando: se eu tivesse vivido naquele momento o tipo certo de amor, teria havido impaciência? A resposta seria, naturalmente, «não». Não haveria impaciência se eu tivesse amado. Talvez possamos retrucar: «Mas é que eu não sou santo» — o que é verdade —, mas o que não poderemos dizer nunca honestamente é que ali havia uma contrariedade que o amor não podia superar.

Na realidade, todos os exercícios de paciência consistem em exercícios de amor. Conheço várias pessoas — graças a Deus conheço muita gente boa — que, ao voltarem a casa com toda a carga do cansaço do dia, vão rezando o terço no trânsito ou carregam consigo um livro de pensamentos espirituais, para lerem e meditarem uma ou outra frase ao pararem no semáforo demorado ou no engarrafamento incontornável. Ao mesmo tempo, vão espremendo os seus cansados miolos, tentando concretizar: «Que iniciativa, que detalhe, que palavra posso preparar para que a minha chegada a casa seja um motivo de alegria para a minha mulher, ou para o meu marido, e para os meus filhos?» E, assim, homens e mulheres cujo retorno ao lar era antes soturno e irritado, tornam-se — em virtude do amor a Deus e aos outros, que se esforçam por cultivar — corações pacientes, que espalham a paz e a alegria à sua volta.

Exercícios de paciência

Não, não há «truques» ou «técnicas» que sirvam para viver a paciência, se o egoísmo ainda tem o ninho no nosso coração. Com esse hóspede indesejável, é inútil qualquer tentativa. Mas, se há amor, então vão nos ocorrendo mil maneiras de exercitar a paciência, bem práticas, simples, bonitas... e eficazes.

Quem tem experiência da luta por viver com Deus sabe que o amor cristão se mexe movido por duas asas: a da oração e a da mortificação. Por isso, todo o exercício da virtude cristã da paciência comportará necessariamente o movimento de uma dessas asas ou, o que será mais frequente, de ambas ao mesmo tempo.

Em primeiro lugar, a oração. O cristão paciente procura falar antes com Deus do que com os homens. Quando se sente à beira de uma crise de impaciência — pois ia retrucar, censurar, queixar-se... —, faz o esforço de se calar.

Alguns recomendam contar até vinte, antes de abrir a boca. Melhor será fazer o sacrifício de guardar silêncio, de sair, se for preciso, de perto do foco do atrito (ir para outro cômodo etc.), e de rezar bem devagar alguma oração, como por exemplo o *Pai-Nosso* (sublinhando mentalmente as palavras-chave que acordarão a fé e o amor e, portanto, trarão calma e lucidez à alma: *Pai, ...seja feita a vossa vontade..., perdoai-nos as nossas ofensas, assim como nós perdoamos a quem nos tem ofendido...*).

Após essa oração, que pode ser também uma sequência de jaculatórias, de invocações breves, pedindo paciência a Deus, e já com a alma mais tranquila, poderemos discernir o que nos convém fazer: se é deixarmos passar, sem mais, aquele dissabor, aquela contrariedade; ou é praticar o que lemos no n. 10

de *Caminho:* «Não repreendas quando sentes a indignação pela falta cometida. — Espera pelo dia seguinte, ou mais tempo ainda. — E depois, tranquilo e com a intenção purificada, não deixes de repreender»[2]; ou, então, se é tomar a iniciativa de ter um gesto simpático — um afago para a esposa ou a filha; uma palavra amável, que quebre o gelo com aquele que nos causou mal-estar. Não duvidemos de que o esforço de guardar silêncio, unido ao esforço de fazer oração, sempre conduzirá para a paciência, para a paciência real e prática, os que lutam com boa vontade.

Ao lado da oração, mas sem largá-la da mão, o cristão exercita a paciência por meio da prática voluntária, consciente,

---

(2) Josemaria Escrivá, *Caminho*, 11ª ed., Quadrante, São Paulo, 2016.

amorosa, de um sem-fim de pequenos sacrifícios, que são uma gota de paz, de afabilidade, de bondade, sobre as incipientes ebulições da impaciência. Talvez não seja demais lembrar, a título de sugestão para o leitor, algumas dessas mortificações cristãs, que diariamente podemos oferecer a Deus:

• fazer o esforço de escutar pacientemente a todos (ao menos durante um tempo prudencial), sem deixar que se apague o sorriso dos lábios, nem permitir que os olhos adquiram a inexpressiva fixidez, prelúdio de bocejo, de um peixe;

• não andar comentando a toda hora e com todos, sem razão plausível nem necessidade, as nossas gripes, as nossas dores de cabeça ou de fígado nem, em geral, qualquer outro tipo de mal-estar pessoal: propor-nos firmemente não nos queixarmos da saúde, do calor ou do frio, do abafamento no ônibus lotado, do tempo que levamos sem comer nada...

• renunciar decididamente a utilizar os verbetes típicos do Dicionário da Impaciência: «Você *sempre* faz isso!», «*De novo*, mulher, já é a *terceira vez* que você passa um cheque sem fundos!», «*Outra vez!*», «Já estou *cansado*» etc. etc.;

• evitar *cobranças* insistentes e antipáticas, e prontificar-nos a ajudar os outros, usando mais vezes do expediente afável de lembrar-lhes as coisas que omitiram ou atrasaram, e de estimulá-los a fazê-las;

• não implicar — não vale a pena! — com pequenos maus hábitos ou cacoetes dos outros, mas deixá-los passar como quem nem repara neles: mania de bater na cadeira ou de tamborilar com os dedos na mesa, tendência para ler por cima do ombro o jornal que nós estamos lendo, de fazer ruído com a boca, de cantarolar horrivelmente enquanto se lê ou se trabalha... Lembro-me bem da «guerra fria» que se travou entre uma filha cinquentona e um pai quase oitentão, e na qual fui chamado a intervir como mediador. Ela sustentava que o pai vivia *gemendo*, ele retrucava dizendo que «não, senhora, estou é *cantarolando*»... E, se não tivesse havido a intervenção de uma «potência neutra», o atrito poderia ter terminado muito mal;

• saber repetir calmamente as nossas explicações a quem não as entende e se mostra porfiadamente obtuso; ter a calma de partir do *bê-á-bá* para esclarecer assuntos técnicos a pessoas que os desconhecem e não têm vocação para lidar com cálculos e máquinas;

• não buzinar quando alguém reduz a marcha do veículo e estaciona inopinadamente; por sinal, se o leitor deseja um bom conselho para o trânsito, ofereço-lhe o seguinte, que já deu muito bons resultados: nunca olhe para a cara do «agressor», do motorista «barbeiro». Continue serenamente o seu percurso sem ficar sabendo se era homem ou mulher, jovem ou velho: vai ver que é difícil ficar com raiva de uma sombra indefinida; se, além disso, passada a primeira reação, reza ao Anjo da Guarda por ele/ela, para que se torne mais prudente, mais hábil ou menos prepotente, melhor ainda;

• por último, permito-me repisar a importância da oração para adquirir a paciência, evocando a simpática surpresa de uma mãe impaciente que se tornou «rezadora». Aquela mulher de nervos frágeis tinha-se proposto rezar a Nossa Senhora a jaculatória: «Mãe de misericórdia, rogai por nós (por mim e por esse moleque danado)» a cada grito das crianças. Quando começava a ferver uma crise conjugal, tinha igualmente «preparada» uma oração própria que dizia: «Meu Deus, que eu veja aí a cruz e saiba oferecer-Vos essa contrariedade! Rainha da paz, rogai por nós!» E quando ia ficando enervada e ríspida, rezava: «Maria.., vida, doçura e esperança nossa, rogai por mim!» Depois comentava com certo espanto: — «Sabe que dá certo? Fico mais calma!» E ficava mesmo.

Como vemos, nem essa boa mãe, nem as outras pessoas acima evocadas como exemplo, conseguiam viver a paciência à base de truques de «pensamento positivo», mas de esforços de fé e de amor cristão. De maneira que, sem terem a mínima noção disso, todas elas estavam dando a razão a São Tomás de Aquino que, com o seu habitual laconismo, sintetizou assim a questão:

Manifestum est quod patientia a caritate causatur — «é evidente que a paciência é causada pelo amor», ou, por outras palavras que traduzem com igual precisão as do santo: «Só o amor é causa da paciência»[3].

---

(3) *Suma Teológica*, II-II, q. 136, a. 3, c.

HISTÓRIAS DE AMOR PACIENTE

O amor que sabe sofrer

Víamos no início que a paciência é a *arte de sofrer*. Depois das considerações que acabamos de fazer, pode-se modificar um pouco esse enunciado e dizer que a paciência é o *amor que sabe sofrer*.

Uma das coisas mais comoventes e edificantes do mundo é ter conhecido uma pessoa que, durante longo tempo, soube sofrer com amor. Nenhuma teoria, nenhuma ciência, nenhum livro nos pode ensinar melhor do que ela o que é a beleza e a grandeza da paciência. É bem certo que poucas realidades mostram tão bem a presença de Deus e a marca da sua graça num ser humano como o faz — quase que por transparência — o bom sofredor, o sofredor amoroso, sereno e esquecido de si mesmo.

Não é por acaso que São Paulo, quando começa a enumerar as qualidades do amor cristão, como quem apresenta as facetas de uma pedra preciosa, menciona em primeiro lugar que *a caridade é paciente,* e arremata os elogios dizendo que a caridade *tudo sofre* (cf. 1 Cor 13, 4.7). A vida dos santos, ou simplesmente a vida dos homens e mulheres bons, que optaram por transformar a sua existência numa amorosa tarefa de *edificar*, confirma o que Deus nos diz por meio de São Paulo.

Por isso, como o exemplo é o melhor livro e o testemunho vivido a mais pedagógica das escolas, vamos adentrar neste novo capítulo em quatro histórias de amor paciente ou, para sermos mais precisos, vamos relatar numas poucas pinceladas alguns episódios significativos de quatro vidas que souberam encarnar o amor paciente.

Dos dois primeiros casos, quem escreve estas páginas foi, em parte, testemunha presencial. Os outros dois, conhece-os pela tocante narração de um médico.

Um mestre de bom humor

Durante dois anos, tive o privilégio — seria mais exato dizer a graça — de conviver em Roma com o Fundador do Opus Dei, São Josemaria Escrivá.

Muito alegre e esportivamente, uns cento e vinte alunos do Colégio Romano da Santa Cruz nos acomodávamos como podíamos nos escassos e surrealistas espaços de um prédio ainda em construção. Mas, para nós, o sol raiava todos os dias, mesmo quando a Cidade Eterna se cobria de nuvens, porque saboreávamos a experiência de estar convivendo com um santo.

Todos os biógrafos de Mons. Escrivá, hoje já numerosos, coincidem em afirmar que uma das características da sua personalidade era a alegria, patenteada num constante bom humor. Um desses biógrafos dá justamente o título de *Mestre de bom humor* à obra de recordações pessoais que lhe dedica[1]. Os que convivemos durante algum tempo com ele somos testemunhas de que esse título é exato.

---

(1) José Luis Soria, *Mestre de bom humor*, 2ª ed., Quadrante, São Paulo, 2018.

Quase diariamente, os alunos do Colégio Romano da Santa Cruz, anexo então à sede central do Opus Dei em Roma, tínhamos a feliz oportunidade de estar e de conversar uns bons momentos com Mons. Escrivá. Eu, que chegara a Roma em outubro de 1953 e só sairia de lá no fim do ano letivo de 1955, guardo a viva lembrança do Fundador do Opus Dei como um sacerdote inflamado em amor de Deus, amor que fundia maravilhosamente com um enorme carinho humano, sempre sorridente, sempre otimista, sempre vibrante, sempre bem disposto.

Todos os que o conhecíamos de perto víamos nele a extraordinária harmonia das diversas virtudes cristãs — mesmo das aparentemente contraditórias, como a mais terna compreensão e a firmeza mais exigente —, a erguer-se como picos elevados na cordilheira compacta da sua vida santa. Pois bem, um desses cumes elevados era, sem dúvida alguma, a *paciência*. Esta virtude manifestava-se, no dia a dia, de diversas formas; uma das mais patentes era a *equanimidade* que se percebia a todas as horas e em todas as circunstâncias. Equanimidade, ou seja, igualdade de ânimo, boa disposição permanente, que atraía com força irradiante e estimulava a imitá-lo.

Não é que tudo fosse um mar calmo à sua volta, nem que ele — homem de temperamento vivo, sensível e ardente — fosse impassível. Mesmo sem conhecermos muitos detalhes, todos nós tínhamos noção das dificuldades grandes que o Padre — assim o chamávamos — tivera e tinha que enfrentar para levar a Obra de Deus para frente.

Sabíamos em parte, ou imaginávamos saber, o calibre das provações e sofrimentos por que Deus permitiu que passasse, forjando-lhe assim a têmpera do santo: incompreensões dolorosas, incríveis calúnias, perseguições, carência absoluta de meios materiais... Contradições brutais, que acabaram por deixar a sua farpada na saúde do Padre. Desde os anos quarenta, de fato, padecia de uma séria diabete *mellitus*. Mas, se alguém nos perguntasse: — «Como vai a saúde do Padre?», teríamos respondido, com a maior naturalidade: — «Ora, graças a Deus, vai muito bem».

E, com efeito, era assim mesmo que víamos o Fundador: muito bem. Todos os dias nos deixava a imagem de um homem cheio de Deus e pletórico de humanidade, transbordante de alegria e de dinamismo.

Tudo cabe num sorriso por amor a Deus

Por isso, a todos nos surpreendeu, como um choque inesperado, a notícia de que tivemos conhecimento na primavera de 1954. O Padre, no dia 27 de abril, estivera a ponto de morrer. Uma crise de saúde muito forte só não o levara por um triz.

Perguntávamo-nos, no primeiro momento, que tipo de achaque podia tê-lo acometido. Nem nos passava pela mente a ideia de que poderia ter sido — como de fato foi — uma crise devida à própria diabete. Para nós, «diabete» era uma palavra ouvida alguma vez, mas já arquivada no esquecimento. Nada notávamos, o Padre de nada se queixava nem com a palavra nem com a expressão do rosto e, por isso, nada nos preocupava.

Não sabíamos que, na verdade, durante todos aqueles meses felizes, vividos junto de um Padre que irradiava dinamismo e felicidade, Mons. Escrivá estivera atravessando uma das piores fases da sua doença.

Assim descreve Vázquez de Prada o que na realidade se estava passando naquele período:

«Trabalhava e mexia-se como se estivesse bem de saúde: sem o cansaço que o medo produz, livre da psicose de febre que amiúde excita os enfermos ou os deprime. Para o caso de que chegasse a qualquer momento a sua hora, tinha tomado precauções. Fez colocar uma campainha junto da cabeceira da sua cama, para pedir os sacramentos. Deitava-se com a mente posta em Deus: Senhor — dizia —, não sei se me levantarei amanhã; dou-te graças pela vida que me deres e estou contente de morrer em teus braços. Espero na tua misericórdia.

«Custava-lhe sorrir; mas os seus filhos recordam-no sempre com o sorriso nos lábios. A doença deparava-lhe surpresas variadas: um dia, não se tinha em pé; outro, sobrevinha-lhe uma infecção furibunda; na semana seguinte, falhava-lhe o olho direito...

«Tomava com alegria e paciência as peças que lhe pregavam as suas indisposições [...]. Nas viagens, não tinha outro remédio senão carregar com o seu pequeno arsenal de botica. Assim andaram as coisas, até que o dr. Faelli resolveu tentar uma variante no tipo de medicação, prescrevendo-lhe insulina retardada. O pe. Álvaro, que conhecia perfeitamente o tratamento, as quantidades e o seu efeito, acertou a nova dose. Tudo andou bem por dois ou três dias, embora seja possível que o enfermo se tivesse sensibilizado com a mudança»[2].

O que nós, afinal, ficamos sabendo foi que no dia 27 de abril, festa de Nossa Senhora de Montserrat, após receber a dose diária de insulina, o Padre se sentou à mesa com o pe. Álvaro del Portillo. De repente, o seu rosto ficou rubro, depois violáceo e, finalmente, invadido por uma palidez cadavérica. A custo, antes de ficar desacordado, tinha pedido ao pe. Álvaro a absolvição. Ele próprio nos relatava depois (só no-lo contou quando já estava bom e não podia causar-nos preocupação), que naquela hora teve a nítida sensação de que ia morrer. Acrescentava, com o seu indelével bom humor, que, quando conseguira ver-se no

---

(2) Andrés Vázquez de Prada, *O Fundador do Opus Dei*, Quadrante, São Paulo, 1989, p. 326.

espelho, após umas horas de cegueira, tinha comentado ao pe. Álvaro: «Já sei que aspecto terei quando morrer...»

Deus, em sua bondade, não só o livrou da morte nessa hora de grave crise, como o presenteou com uma rápida recuperação e, o que é mais, com o inexplicável desaparecimento da diabete que, simplesmente, deixou de manifestar-se a partir daquele dia. Ficou curado.

Neste episódio todo, algo se nos revelou com absoluta nitidez, com inequívoca evidência: tínhamos vivido, dia após dia, com um Mons. Escrivá doente, afetado por forte mal-estar físico, muitas vezes cansado, esgotado, e nada disso tinha transparecido no seu porte, no seu rosto, no seu gesto, na sua conversação.

As nossas impressões daqueles dias, expressou-as muito bem um dos que lá estavam em 1954, o português Hugo de

Azevedo, na biografia que dedicou bastantes anos mais tarde a São Josemaria, com o título de *Uma luz no mundo*. Devo dizer que as suas impressões pessoais coincidem, ao pé da letra, com as minhas e as dos outros que estávamos lá:

«O que é admirável para quem, como eu, conviveu com ele nessa época, é não nos termos dado conta de nada, é não recordarmos qualquer diferença de disposição, de vitalidade, de alegria. Dera-nos dias antes duas meditações diárias durante um retiro, na Semana Santa, e com que vibração nos impulsionava à luta interior e ao apostolado!»[3]

Ter a cruz é ter a alegria

Tudo isto é, certamente, admirável, e o foi para nós na época. Agora, com

---
(3) Quadrante, São Paulo, 2021, pp. 275-76.

o conhecimento mais aprofundado da vida de São Josemaria Escrivá, é preciso dizer que, embora seja muito admirável, não é surpreendente, pois na vida santa do Fundador do Opus Dei a *paciência heroica*, no meio de muitos padecimentos físicos e sobretudo morais, foi uma constante, uma santa «rotina».

Referindo-se a alguns momentos da década de 1940, em que as dolorosas investidas — sobretudo as calúnias — recrudesciam, ele próprio confidenciaria anos mais tarde:

«Para nos tornar mais eficazes, Deus Nosso Senhor abençoou-nos com a Cruz [...]. Foram anos duros, porque faziam chegar essas calúnias até o mais alto da Igreja, semeando desconfianças e receios para com a Obra. Eu calava-me e rezava [...]. Chegou um momento em que tive de ir uma noite ao sacrário, a dizer: Senhor — e custava-me, custava-me... e me caíam umas lágrimas!... —, se Tu não precisas da minha honra, eu para que a quero?»[4]

Paciência é isso! Um grande amor que sabe sofrer e que, justamente por ser amor, sofre com generosidade, com grandeza, com desprendimento total de si mesmo e aceitação plena da Vontade de Deus, com abandono nas mãos do Pai e com alegria. Que bem no-lo ensinava Mons. Escrivá! É por isso que os textos que contêm a sua mensagem, para os que pudemos conhecê-lo de perto, são verdadeiros latejos da sua própria alma, sangue das suas veias. Passava para o papel o que vivia ardentemente. Daí que

---

(4) Salvador Bernal, *Perfil do Fundador do Opus Dei*, Quadrante, São Paulo, 1978, pp. 333, 334 e 371.

nos seja impossível ler com frieza, como se fossem apenas exortações piedosas ou exposições doutrinais, textos como os seguintes:

«Ter a Cruz é ter a alegria: é ter-te a Ti, Senhor!»; «Quando se caminha por onde Cristo caminha; quando já não há resignação, mas a alma se conforma com a Cruz — se amolda à forma da Cruz —; quando se ama a Vontade de Deus; quando se quer a Cruz..., então, mas só então, é Ele quem a leva».

«Sinais inequívocos da verdadeira Cruz de Cristo: a serenidade, um profundo sentimento de paz, um amor disposto a qualquer sacrifício [...], e sempre — de modo evidente — a alegria: uma alegria que procede de saber que, quem se entrega de verdade, está junto da Cruz e, por conseguinte, junto de Nosso Senhor».

Ou ainda expansões como a desta confidência pessoal: «Quando vos falo de dor, não vos falo apenas de teorias [...]. A doutrina cristã sobre a dor não é um programa de consolos fáceis. É, em primeiro lugar, uma doutrina de aceitação do sofrimento, que é de fato inseparável de toda a vida humana. Não vos posso ocultar — com alegria, porque sempre preguei, e procurei viver, que onde está a Cruz está Cristo, o Amor

— que a dor tem aparecido frequentemente na minha vida...»[5]

A arte de sofrer sorrindo, de que foi exímio mestre o Fundador do Opus Dei, é uma arte contagiosa. É o que vamos ver na nossa segunda história de amor paciente.

---

(5) Cf. *Forja*, 4ª ed., Quadrante, São Paulo, 2016, nn. 766, 770, 772; e Vázquez de Prada, p. 269.

Uma curta biografia

Mons. Escrivá esteve à beira da morte no dia de Nossa Senhora de Montserrat, 27 de abril de 1954. A nossa segunda história focaliza uma moça, nascida em Barcelona no dia 10 de julho de 1941, que havia recebido no Batismo esse nome, Montserrat, em honra da Padroeira da sua terra. Familiarmente, os pais, irmãos e amigos a chamávamos Montse, e digo «chamávamos», porque me unia, e ainda me une, à distância de um oceano, uma entranhada amizade com seus pais, Manuel e Manolita Grases.

Montse foi também filha de Josemaria Escrivá, pois pediu a admissão no Opus Dei, entregando a sua vida inteira a Deus, no dia 24 de dezembro, véspera do Natal de 1957. Pouco depois, uma leve e persistente dor na perna esquerda deu o primeiro sinal do que viria a diagnosticar-se como um câncer incurável, sarcoma de Ewing, que — após meses de intensas dores — veio a causar a morte daquela menina de 17 anos, no dia 26 de março de 1959, Quinta-feira Santa.

Resumida assim, em pouquíssimas linhas, essa biografia tão curta, tão cedo truncada, parece muito triste. Parece, mas não é.

Diga-se, já de começo, que Montse, a segunda de uma família de nove irmãos — profundamente católica e unidíssima —, foi sempre uma moça direita e pura, bonita, simpática, esportiva, divertida, religiosa sem beatice e absolutamente normal. E como faz parte da normalidade ter, ao lado de belas virtudes, alguns defeitos, Montse também os tinha — não nasceu com auréola de santa —, e é muito importante ter isso presente ao ler o que vem a seguir.

Montse, que era prestativa e sacrificada, de coração sensível, generoso e bom, era também voluntariosa e geniosa. Ai de quem a contradissesse ou pretendesse fazer-lhe uma desfeita! Sem grosserias nem violências — que não eram do seu feitio —, reagia desde muito menina como pessoa que não leva desaforo para o seu cantinho nem tem um braço fácil de torcer. Por outras palavras, em uma porção de coisas, era «insofrida», ou seja, era impaciente. Sabendo disso, as pinceladas que se dão a seguir ganham um sentido maior.

Um processo acelerado

Quando se leem os depoimentos e testemunhos dos que estiveram mais perto dela desde o início das dores (dezembro de 1957) até a morte (março de 1959), observa-se um denominador comum. Todos eles salientam que, naqueles quinze meses, houve, não uma mudança instantânea — lampejo de um dia —, mas um *processo* assombroso, contínuo, crescente, de amadurecimento no amor e nas virtudes, que transformou profundamente Montserrat. Um crescimento interior tão espantoso, que todos os que a conheceram encararam como algo natural que se iniciasse o seu Processo de Beatificação e Canonização em dezembro de 1962.

Ao longo de toda a evolução da doença, Montse esforçou-se por levar, até o limite das suas forças, uma vida normal. Queria ser fiel ao que a sua vocação para o Opus Dei lhe pedia: a santificação pessoal e o apostolado no meio do mundo, dentro da normalidade da vida diária, no cumprimento amoroso e acabado dos deveres cotidianos.

Viver assim — com alegre simplicidade, sem chamar a atenção — representava um esforço que conseguiu praticar rezando muito e lutando muito por corresponder à graça de Deus.

Até os últimos dias, quando, já imóvel na cama, mal podia falar, fez um esforço heroicamente fiel para cumprir os propósitos espirituais a que se tinha comprometido livremente com Deus: duas meias horas de oração mental diária, terço, leitura do Evangelho e de algum livro espiritual (só ouvindo ler, já no final), exame de consciência noturno, que jamais desleixou etc. Morreu acompanhando o segundo mistério do terço do dia, que a sua mãe e um grupo de amigas rezavam ao pé da sua cama.

O segredo de uma imensa paz

Dessa vida de oração, dessa luta denodada por procurar uma união cada dia maior com Deus, vinham-lhe as forças para abraçar a Vontade divina — a doença, a dor e a morte — e para, não digo aceitar, mas amar de todo o coração a Cruz que Cristo lhe oferecia, para estar junto dEle no sofrimento salvador. Daí a alegria. Que bem entendeu, vivendo-as, as palavras mil vezes repetidas por Josemaria Escrivá: *A alegria do cristão tem as suas raízes em forma de Cruz!* Com palavras do Fundador, que meditava sobretudo no livro *Caminho,* Montse repetia: «Jesus, o que tu quiseres, eu o amo!»[6]

Daí vinham a serenidade, a paz profunda e o constante sorriso que deixavam

---

(6) *Caminho,* n. 691.

desnorteadas as pessoas. Uma grande amiga de Montse, Rosa Pantaleoni, lembra que, entre 2 de julho e 13 de agosto de 1958, acompanhou-a em várias das trinta sessões de radioterapia a que foi submetida. «Quando íamos a essas sessões, todas as enfermeiras perguntavam-lhe o que tinha; mas ela mudava logo de conversa e acabava perguntando pelas coisas delas. Fez-se muito amiga de uma enfermeira: soube que aquela moça gostava de desenhar, e ficaram falando dos desenhos e dos problemas da outra... Às vezes, quando terminávamos, a enfermeira dizia-me: — «Como é simpática, alegre e carinhosa esta menina! Mas nunca fico sabendo se a perna lhe dói ou não. Você sabe?» E eu lhe respondia: — «Eu também não sei».

Doía, porém, e doía muito. A própria Rosa contará que, «no momento de lhe fazerem os curativos, sofria uma barbaridade. Pelos outros. Ela sempre sofria pelos outros». Tudo oferecia pela felicidade dos outros, a felicidade que — ela bem o sabia — só se encontra junto de Deus.

Nesse contexto, pode-se avaliar o caráter significativo do seguinte detalhe. Em dezembro de 1958, conseguiu ser levada de carro, a duras penas, ao Centro do Opus Dei que frequentava em Barcelona, um Centro cultural chamado Llar. Eram os primeiros dias desse mês, e as estudantes praticavam o delicado costume cristão da Novena à Imaculada Conceição.

«Montse — lembra ainda Rosa — queria ir à Novena para rezar a Nossa Senhora. Terminada a Novena, ficava em Llar falando com as estudantes que tinham comparecido e fazendo apostolado, ainda que tivesse estado muito mais confortável em sua casa, na cama [...]. Mas achava que não tinha o direito de pensar em si mesma quando havia tantas pessoas a quem podia aproximar de Deus». Num desses dias da Novena, em que o oratório estava repleto, com umas sessenta moças, «lembro-me — é sempre Rosa quem conta — de que Montse estava sentada, com a perna apoiada em cima do assento de uma cadeira, porque já não a podia flexionar e nessa posição sentia-se melhor. Como sempre, procurava não chamar a atenção. Naquele momento, entrou uma estudante que, na penumbra, não percebeu que Montse tinha a perna apoiada na cadeira e lhe perguntou: — «Está livre?» Ela sorriu e respondeu: — «Sim, sim, por favor, sente-se»..., e foi retirando a perna

sem que a outra percebesse, cedendo-
-lhe o lugar».

A moça voluntariosa e um tanto caprichosa, agora sorria à contrariedade e a amava, como consequência do seu amor a Deus; e ainda, no meio de tantos gestos de singelo heroísmo, desculpava-se às vezes: — «Que pouco sofrida eu sou, não é verdade? Olhe que vergonha»...

Uma luta enamorada no meio da dor

Amadureceu amando muito, e por isso aprendeu a arte de sofrer com alegria, que é uma arte essencialmente cristã e que se designa — como sabemos — pela palavra paciência.

Montse agonizou numa dura «forja de dor» — como diria Mons. Escrivá — e morreu consumida pela doença. Mas agonizou alegre e morreu feliz. Na véspera da morte, abrindo os olhos, viu as suas amigas perto dela: — «Eu lhes quero muito a todas — disse-lhes —, mas a Jesus muito mais!». Passou as últimas horas daquela Quinta-feira Santa apertando estreitamente o seu crucifixo, dizendo com voz quase inaudível a Nossa Senhora: «Mãezinha, quanto te amo! Quando virás buscar-me?», e invocando uma e outra vez o nome de Jesus.

Anos depois da sua morte, Enrique, o irmão mais velho, que é sacerdote da diocese de Barcelona, comentava: «A sua Cruz foi muito dolorosa. Às vezes comentam-me, quando a recordam tão alegre e tão feliz, que ela sentia até gosto no meio da dor... Não, isso não é verdade. Falar assim poderia soar a masoquismo, porque aquilo não era uma dor convertida em gosto; era uma dor convertida em amor, e em luta para poder continuar a ser fiel a si mesma, a nós e a Deus, mas continuava a ser uma dor que a dilacerava, que a desfazia. Sofreu — eu o vi — tremendamente: mas era uma luta enamorada, no meio da dor, para encontrar Cristo Crucificado. Em meio a essa dor, junto de Cristo, nunca esteve só. Se Deus está ao meu lado — pensou — e me pede isto, será porque é possível; e se Ele o quer, Ele me ajudará... Montse, graças à dor, deu-nos o melhor de si mesma»[7].

Depois destes comentários, não perguntemos mais o que é a paciência, vista com olhos cristãos, nem o que é *o amor que sabe sofrer*. Nada há a acrescentar.

---

(7) Todos os fatos e depoimentos citados estão extraídos do livro de J. M. Cejas, *Montse Grases. La alegría de la entrega*, Rialp, Madri, 1993.

Num consultório psiquiátrico

Restam-nos duas histórias, que podem relatar-se em muito poucas palavras. São ambas narradas pelo professor de psiquiatria e escritor J. A. Vallejo-Nágera, no seu livro *Concerto para instrumentos desafinados*[8]. Trata-se de algumas das muitas recordações que o médico registra como «momentos do coração» no seu trabalho diário.

O primeiro caso é o de um tradutor diplomado. Foi-lhe diagnosticado um câncer de pulmão, e simultaneamente deram-lhe a notícia de que lhe restavam poucos meses de vida. Homem de pouca fé, à diferença dos protagonistas dos dois exemplos anteriores, procurava no psiquiatra as soluções que não

---

(8) *Concierto para instrumentos desafinados*, Argos-Vergara, Barcelona, 1981, pp. 162 e segs.

conseguia encontrar em Deus. Pensava na esposa e tremia ante a possibilidade de fazê-la sofrer:

— Temo que me falte coragem e serenidade, e que assim amargure os nossos últimos meses de convívio. Fisicamente, creio que posso aguentar; só temo falhar psicologicamente. Foi por isso que vim, para ter uma orientação técnica, um ponto de apoio, e poder dissimular até o final ou fingir que não sofro. Quando a minha mulher ficar sabendo a verdade, se ela julgar que eu não estou sofrendo, conseguirei aliviar-lhe este calvário que não lhe posso evitar.

Causa uma certa angústia esse sofrimento pendurado no vazio de um bom coração que não conhece a Deus. Mas, sem dúvida alguma, havia uma enorme grandeza no seu desejo de ser autenticamente *paciente*. Esse homem bom tinha muito amor à esposa, e estava procurando forças para conseguir que esse seu amor aprendesse a sofrer.

O segundo caso, paradoxalmente, é o de um sacerdote cheio de fé, que também procurava no psiquiatra um conselho para sofrer melhor. O médico narrador conta-nos que era um padre humilde, «tão insignificante que nem sequer era ridículo». Tinha dedicado a vida, até os sessenta e tantos anos, à sua tarefa de bom pastor das almas, especialmente cuidando das doenças espirituais no confessionário. Desde fazia algum tempo, tinha-se-lhe manifestado uma depressão endógena grave — assim a qualifica o especialista —, com as suas sequelas mórbidas e características de tristeza, desconsolo, remorso, pessimismo esmagador e perda do desejo de viver.

O sofrimento era grande. Mas, nesse caso, o médico comoveu-se porque o paciente não parecia querer consolo nem compaixão. «Também não parecia muito interessado no alívio do tormento... Que queria, então? Queria continuar a amar».

— Até agora — dizia o padre ao doutor —, tenho levado uma vida sem pena nem glória. A Glória, eu a espero para depois, no Céu, e sei que é preciso adquiri-la por meio da pena. Recebi com gratidão o fato de Deus me ter enviado no final da vida a minha cruz; estava até desejando ter uma para poder carregá-la. Bendigo a Deus todos os dias por ter-se lembrado de mim no final, quando já me resta muito pouco tempo de vida e parecia ter perdido qualquer oportunidade de ganhar alguns méritos. Mas estou notando que agora, no confessionário, na direção espiritual, não sinto as coisas como antes, como ao longo de toda a minha vida, com entusiasmo por ajudar, com esse carinho espontâneo cheio de ansiedade, de necessidade de aliviar os que recorrem a mim. Consigo dar conselhos porque o cérebro funciona, mas não os sinto com o coração, e isso soa-me a nota falsa, artificial, e não posso consolar os meus fiéis como antes. Nunca me tinha acontecido isto; tem que ser uma doença. É o que lhe peço que me cure. O resto irá passando com o tempo, e, se não, louvado seja Deus!

Esta história, que parecia começar tão mal, termina tão bem! É mais um clarão sobre a virtude da paciência. Aquele padre zeloso, desprendido e humilde, sentia-se muito doído e confuso, não por estar doente, mas porque a doença lhe tornava difícil manter a vibração do amor e transmitir conforto e alegria.

Não é preciso aduzir mais exemplos para sentir, como um desafio, uma pergunta que se dirige a cada um de nós: Quando nos decidiremos a amar? Quando resolveremos, enfim, esquecer-nos de nós mesmos, sermos generosos e viver para *dar*, para *edificar*? No dia em que formos capazes de começar a viver assim, estaremos começando a levantar o véu que nos encobre a pedra preciosa da paciência.

DEMORAS, CANSAÇOS E ARDORES

Raízes iluminadas

Há cerca de dois anos, chegou-me às mãos um recorte de jornal que me sensibilizou profundamente. A autora do artigo, uma professora de uns trinta e poucos anos, evocava a memória de seus pais, já falecidos, que tinham sido em tempos idos meus conhecidos. O artigo foi escrito por ocasião da Beatificação do Fundador do Opus Dei e continha uma dupla homenagem: ao então Bem-aventurado Josemaria Escrivá e aos pais da autora, que tinham sabido encarnar na vida do lar a espiritualidade aprendida de São Josemaria.

O leitor há de permitir-me que introduza nestas páginas algumas citações desse artigo.

Maria Antônia — assim se chama a professora — conta a redescoberta que fez da «alma» de seus pais quando, depois de ambos terem falecido, remexia com carinho filial nos seus escritos, cartas e apontamentos, e especialmente na correspondência que o pai tinha mantido com Mons. Escrivá.

«Até que ambos tornaram a reunir-se na vida eterna, havia muitos aspectos da vida interior deles que eu só podia intuir — escreve a filha —. Captava-se a força do exemplo, a força da vocação dos dois, mas, como é lógico, perdiam-se muitos matizes, que ficavam só na intimidade deles. Através de alguns excertos da correspondência encontrada, aprendi algumas coisas que agora tento transmitir».

Olhando para trás, Maria Antônia evoca a progressiva descoberta que foi fazendo de muitas coisas maravilhosas que teciam, por assim dizer, o ambiente de seu lar, e que hoje percebia que não estavam lá por acaso nem por geração espontânea, mas como fruto do espírito cristão, generosamente vivido e cultivado pelos pais, num dia a dia amoroso, abnegado, paciente.

«Meus pais já eram do Opus Dei naqueles duros anos 50 de Barcelona, quando eu ainda não tinha nascido. À medida que fui tendo uso de razão e tornando-me mais consciente do que me rodeava, julguei sempre que o ambiente reinante na minha família, a educação que estávamos recebendo, e que tantas vezes tenho agradecido a Deus, fosse a normal em todas as famílias. Com o decorrer dos anos, fui percebendo que nem de longe era tão *normal*. Os princípios dessa educação eram bem claros: uma grande liberdade, baseada no senso de responsabilidade inculcado desde crianças; otimismo e alegria fundamentados claramente na fé, pois não faltaram dificuldades e obstáculos em todo o caminho terreno de meus pais; uma sólida formação na doutrina cristã, unida a um modo positivo de nos sugerir, sem impor, detalhes de vida de oração, e uma profunda e arraigada devoção a Nossa Senhora, a quem todos considerávamos e continuamos a considerar a especial intercessora para os assuntos familiares. Ficou-me muito claro que um dos pilares básicos para que esse ambiente familiar se mantivesse era o fato de que, em todos os momentos, o exemplo de meus pais, os seus atos, iam na frente das palavras. Passados os anos, percebi, sem que eles nada me dissessem, que aquilo era o espírito do Opus Dei»...

A filha relembra comovida as dificuldades financeiras por que a família numerosa passou, e os equilíbrios que o pai era obrigado a fazer para conjugar aulas na faculdade, onde era professor, práticas de laboratório, trabalho em uma fábrica, preparação de um concurso e ainda aulas particulares. E relata a emoção que sentiu quando, folheando a correspondência paterna, descobriu que Mons. Escrivá tinha transcrito, no ponto 986 do livro *Sulco*, palavras de uma carta de seu pai: «Não irá rir, Padre, se lhe disser que — faz uns dias — me surpreendi oferecendo ao Senhor, de uma maneira espontânea, o sacrifício de tempo que supunha para mim ter de consertar um brinquedo estragado de um dos meus filhos? — Não sorrio, fico feliz! Porque, com esse mesmo amor, Deus se ocupa de recompor os nossos estragos». «Tenho — comenta a filha — recordações muito vivas dessas cenas: as bonecas descabeçadas ou sem pernas, a peça que precisava ser colada..., tudo isso nós sabíamos que, deixando-o na mesa do escritório do papai, tornaria a adquirir rapidamente a sua forma original. Que pouco valorizávamos, naquela altura, o ato heroico que podia significar para ele o fato de gastar dez ou quinze minutos! Mas como o valorizava aquela alma a quem Deus, através do espírito do Opus Dei, lhe saía ao encontro nesses pormenores minúsculos, mas grandiosos, por estarem cheios de amor».

«Mais de uma vez — acrescenta a filha — tenho esclarecido em público que eu não seria o que hoje sou se não tivesse recebido a educação que meus pais me deram, se não tivesse tido o seu exemplo em face de tantas contrariedades e situações difíceis — entre elas a morte de dois filhos — por que Deus permitiu que passassem»[1].

Essa perspectiva de tantos anos de entrega constante e amorosa dos pais iluminou aos olhos dessa mulher as suas próprias raízes. Entendeu-se melhor a si mesma, projetando as suas lembranças sobre o fundo luminoso da dedicação paciente, contínua, calada, carinhosa de seus pais cristãos.

---

(1) Maria Antônia Virgili, Jornal *El Norte de Castilla*, Valladolid, 16.05.1992.

Os frutos dourados da paciência

Ao captar mais lucidamente a riqueza do exemplo dos pais, Maria Antônia pôde compreender também uma dimensão preciosa da virtude da paciência, de que agora vamos ocupar-nos: a da fidelidade persistente, que é feita de amor generoso e constante; uma paciência que não se cansa do sacrifício, que não tem pressa em cobrar resultados, que não desanima quando os esforços parecem baldados e os frutos ainda não se veem. Esta era a paciência que brilhava, com seu halo doce e envolvente, na recordação dos pais.

Todos nós temos experiência de quanto custa persistir nos esforços ou atitudes que exigem sacrifícios continuados e não trazem compensações imediatas. Não é fácil lutar, manter-se firme no empenho, e ver que tudo demora a realizar-se, a concluir-se, a chegar.

A nossa paciência é testada sempre que temos de aguardar, esperar, voltar, tentar uma e outra vez: desde a interminável espera num consultório dentário até o desgosto do casal de namorados que precisa adiar de novo a data do casamento, porque não têm condições de financiar o apartamento. Com razão diz Hildebrand que «a impaciência se relaciona sempre com o tempo»[2].

Mas todo aquele que quiser conseguir alguma coisa de real valor na vida não terá outro remédio senão armar-se de paciência e esperar. Demora-se, necessariamente, a ser um profissional

---

(2) Dietrich von Hildebrand, *A nossa transformação em Cristo*, Aster, Lisboa, 1960, p. 204.

experiente; demora-se a amadurecer por dentro até corrigir pelo menos alguns dos defeitos pessoais; demora-se a suavizar arestas no casamento e, aos poucos, ir-se ajustando à base de mútuos perdões e sorridentes renúncias; demora-se a criar um bom ambiente familiar; demora a vida inteira a autêntica formação dos filhos.

«Aprendi a esperar — dizia Mons. Escrivá —; não é pouca ciência». Mas é importante termos muito presente que esse «esperar» não significa «aguardar» passivamente. Consiste, como estamos vendo, em persistir fiel e confiadamente no cumprimento da nossa missão, do nosso dever — do dever religioso, moral, familiar, profissional... —, durante todo o tempo que for preciso, com aquela convicção que animava Santa Teresa: «A paciência tudo alcança».

A essa paciente espera se refere o Apóstolo São Tiago, quando nos põe diante dos olhos a imagem do lavrador: *Tende, pois, paciência, meus irmãos [...]. Vede o lavrador: ele aguarda o precioso fruto da terra e tem paciência até receber a chuva do outono e a da primavera. Tende também vós paciência e fortalecei os vossos corações* (Tg 5, 7-8).

Não é verdade que estas palavras nos lembram muitas coisas pessoais? Os frutos dourados da vida só se conseguem com uma luta constante, unida a uma paciência fiel. Mas quanto custa seguir o conselho do Apóstolo! Muitas vezes já fomos como aquela criança a quem a mãe tinha oferecido uma planta que, com o tempo, iria dar flores. «Mas, quando os botões surgiram, não sabíamos esperar que abrissem. Colaborávamos no seu desabrochar triturando-as, separando talvez as pétalas, para que a floração fosse mais rápida. Nódoas escuras apareciam então, e as flores estiolavam, murchavam...»[3]

Quantas coisas, na vida, não estiolam por cansaços impacientes que nos levam a desistir! Na vida familiar, os exemplos são gritantes. Talvez hoje seja mais necessário do que nunca recordar aos casais que a felicidade que procuram, sem saber bem como achá-la, nunca a conseguirão como fruto do egoísmo defendido de qualquer incômodo, mas como fruto do *amor fielmente paciente*, do amor cristão. E da mesma coisa deveriam lembrar-se todos os que começaram alguma vez, movidos por um alegre impulso

---

(3) Romano Guardini, *O Deus vivo*, Aster, Lisboa, s/d, p. 71.

da graça, a esforçar-se decididamente por viver o ideal e as virtudes cristãs. A maior ameaça contra esse bom propósito, mais do que nas fraquezas e nas reincidências no erro, encontra-se no cansaço, na sensação de que «não adianta continuar», ou de que «custa demais conseguir», ou seja, na falta de paciência para ir avançando aos poucos, à força de começar e recomeçar.

Nós gostamos de que as coisas nos sejam dadas *logo*. Deus sabe que as almas e as coisas precisam ter as suas estações. Temos que aprender, por isso, a ser bons semeadores, que esperam a colheita sem pressas inquietas e perseveram sem desânimos exaustos.

Semear é duro. É enterrar o grão e nada ver. Isso exige fé e desprendimento. Eu dou a semente do meu esforço, do meu empenho, do meu sacrifício, da minha oração, e espero, vigilante, até que dê o seu fruto, enquanto continuo, solícito, a zelar pelo campo: rego, limpo, podo, adubo, protejo... Só com essa paciência ativa é que um dia virá o fruto: o fruto da fé, amadurecida a partir da persistência na oração, nos sacramentos, na formação; o fruto dos valores cristãos finalmente arraigados nos filhos; o fruto das virtudes pessoais que desabrocham e se firmam; os frutos do apostolado.

Todos nós já exclamamos mais de uma vez: «Que paciência!», ao admirarmos obras humanas magníficas, que só se explicam por uma longa aplicação, por um trabalho meticuloso, prolongado e imensamente paciente. É assim que louvamos, por exemplo, os bordados delicadíssimos e artísticos de uma enorme toalha de mesa feita à mão.

É assim também que admiramos o trabalho da vida inteira de um pesquisador, que foi coligindo, exaustivamente, um incrível acervo de dados sobre uma matéria até então ainda não estudada. — «Que paciência!», dizemos. Pois bem, uma paciência igual, pelo menos, e um esmero e uma tenacidade análogos, são os que Deus nos pede para cultivarmos em nós e à nossa volta a vida e as virtudes cristãs.

A paciência produz a virtude comprovada, diz São Paulo (Rm 5, 4). E São Tiago repisa o mesmo ensinamento ao escrever: *É preciso que a paciência efetue a sua obra, a fim de serdes perfeitos e íntegros, sem fraqueza alguma* (Tg 1, 4). *Pela vossa paciência possuireis as vossas almas,* havia já dito Jesus (Lc 21, 19).

É muito sugestivo o fato de que, nesses três textos, como em tantos outros da Bíblia, a mesma palavra que significa paciência inclua também o sentido de perseverança, de persistência fiel.

As demoras de Deus

No mundo em que vivemos bêbados de acelerações, ultrassónico nas mudanças e doente de impaciências, a bela arte do amor paciente é muito necessária. A virtude da paciência é uma terapia de que o mundo atual precisa muito.

Mas, num ambiente em que o egoísmo pensa que «para mim tudo tem que ser antes e ao meu gosto» e o comodismo exige «tudo rápido, para já e com o menor trabalho possível», a impaciência grassa largamente e faz a festa. E é natural que se mostre, a toda hora, em forma de cansaço insofrido, unido a uma revolta irritada. Não é estranho que, nesse clima, as impaciências acabem cedo ou tarde por arremessar-se contra Deus.

Tal é o caso, não infrequente, dos que chegam a duvidar da bondade de Deus e sentem abalar-se a fé quando julgam que «Deus não os escuta», pois — segundo pensam — não atende aos seus pedidos nem os livra das suas aflições.

Alguns falam então do «silêncio de Deus», insinuando — ou afirmando claramente — que Deus não se interessa pelas suas criaturas, mas permanece na olímpica solidão dos céus, alheio às tribulações e anseios dos homens. Um bom número de casos de agnosticismo, ou de ateísmo inconsistente (será que há algum ateísmo que não seja inconsistente?), ou de ceticismo mais ou menos cínico, tomaram pé em alguma decepção. Esperava-se algo de Deus, e não aconteceu. Por essa razão, Fulano deixou de ir à Missa depois da morte do filho, pelo qual tanto tinha rezado; Sicrano perdeu a fé após a quinta tentativa frustrada de entrar na faculdade; e Beltrana bandeou-se para o esoterismo ao perder o último namorado.

Os «silêncios» e as «demoras» de Deus põem à prova a nossa paciência. Mas são precisamente essas dificuldades desconcertantes as que nos fazem compreender que uma boa paciência jamais poderá ser erguida sobre uma fé ruim.

Uma das primeiras verdades — inesgotável e luminosa verdade! — que Cristo nos revelou foi a da paternidade de Deus: *O vosso Pai vê, o vosso Pai sabe, o vosso Pai cuida* (cf. Mt 6, 25 e segs.). *Não se vendem dois passarinhos por uma moedinha? No entanto, nenhum cai por terra sem a vontade do vosso Pai. Até os cabelos da vossa cabeça estão todos contados. Não temais, pois! Valeis mais do que muitos pássaros* (Mt 10, 20-31).

Deus é um Pai que sempre nos acompanha. E esse Pai está amorosamente ativo, talvez mais do que nunca, quando parece que se cala e não intervém. «Quando nada acontece — diz, com certeira intuição, Guimarães Rosa —, há um milagre que não estamos vendo»[4].

Quem vive realmente de fé caminha sereno e confiante na «mão» de Deus que, como víamos acima, muitas vezes não coincide com a nossa. Ele, que é Bom Pastor de cada um de nós, sabe, e sabe-o muito bem, por onde nos leva e nos traz. *Ainda que atravesse as sombras*

---

(4) *Primeiras Estórias*, José Olympio, Rio de Janeiro, 1962, p. 71.

da morte, nada temerei, porque Tu estás comigo (Sl 23, 4). Ele nos dá, ou permite que nos aconteça, aquilo que — embora não o entendamos — mais nos convém, sempre com vistas à nossa verdadeira realização, que é a que floresce e se completa na vida eterna: *Não temais aqueles que matam o corpo, mas não podem matar a alma* (Mt 10, 28). *Não temas, meu pequeno rebanho, porque foi do agrado do vosso Pai dar-vos o Reino* (Lc 12, 32).

Quem vive de fé entende muito bem, por isso, o belo conselho do Eclesiástico: *Sofre as demoras de Deus. Dedica-te a Deus, espera com paciência [...]. Aceita tudo o que te acontecer. Na dor, permanece firme; na humilhação, tem paciência. Pois é pelo fogo que se experimentam o ouro e a prata, e os homens agradáveis a Deus pelo cadinho da tribulação* (Eclo 2, 3-5).

O milagre que não estamos vendo

O «milagre que não estamos vendo» consiste no que São Paulo via com lúcida fé e expressava com esplêndida convicção: *Nós sabemos que Deus faz concorrer todas as coisas para o bem daqueles que o amam* (Rm 8, 28). Se tivermos amor a Deus, tudo, absolutamente tudo — o que chamamos sorte e o que chamamos infortúnio, o que é um sucesso no mundo e o que é um fracasso, a satisfação e o sofrimento, a saúde e a doença, a vida e a morte —, tudo acabará sendo conduzido por Deus, com a sua soberana e misteriosa «alquimia», para algo que resultará num bem para nós.

Mons. Escrivá costumava dizer que a nossa vida é uma preciosa tapeçaria, que Deus vai urdindo conosco — com a nossa liberdade — aos poucos, fio a fio. Habitualmente, nós só a vemos pelo avesso, enquanto é tecida na oficina do dia a dia. Por isso, tudo nos parece com frequência uma confusão de fiapos soltos e de figuras bizarras. Vez por outra, porém, Deus deixa-nos olhar por uns instantes a tapeçaria pela frente, e então ficamos pasmados ao dar-nos conta da sua harmonia e do seu esplendor. A vida, quando já foi um pouco longa e procurou não se afastar de Deus, oferece-nos de quando em quando alguns desses lampejos de lucidez: entendemos que foi bom o que antes repudiávamos como mau, e captamos o porquê de certas coisas que, na altura, nos pareciam absurdas e sem sentido.

Alguns santos tiveram o privilégio de contemplar, felizes, a tapeçaria de uma vida inteira na sua harmonia total.

Tal foi o caso de Santa Teresa de Ávila que, após concluir a sua autobiografia, escrita por obediência aos superiores, remeteu o manuscrito a Frei Garcia de Toledo, com uma carta na qual, a todas as tribulações, fadigas, dores e contrariedades relatadas, chamava belamente «as grandes misericórdias com que Deus me cumulou»[5].

Também São Josemaria Escrivá, três meses antes de deixar esta terra, ponderava na sua oração as vicissitudes — muitas delas duríssimas — da sua longa vida, e dizia: «Um olhar para trás... Um panorama imenso: tantas dores, tantas alegrias. E agora tudo alegrias, tudo alegrias... Porque temos a experiência de que a dor é o martelar

---

(5) *Livro da Vida*, 3ª ed., Vozes, Petrópolis, 1961, p. 360.

do Artista, que quer fazer, dessa massa informe que nós somos, um crucifixo, um Cristo... Senhor, obrigado por tudo, muito obrigado!»[6]

É bem verdade que um clarão de Deus pode mostrar-nos, às vezes, a tapeçaria inteira. Mas o normal é que, na penumbra desta terra, Deus nos peça fé. Ele não deixará de nos dar a graça necessária para aceitarmos com paciência e confiança as suas «demoras» e os seus aparentes «silêncios». A nós toca-nos dizer, amorosamente, com o salmista: *Mantenho em calma e sossego a minha alma. Tal como a criança no regaço de sua mãe, assim está a minha alma no Senhor.* [...] *Põe a tua esperança no Senhor, agora e para sempre* (Sl 131, 2-3).

---

(6) S. Bernal, *obra citada,* p. 416.

A santa impaciência

O que acabamos de dizer, aproximando-nos já do final destas páginas, não estará porventura incentivando uma paciência feita de calma passividade, de abandono nas mãos de Deus, muito confiante, mas também excessivamente inerte?

Não. Quando um cristão repete, com o salmo: *Só em Deus repousa a minha alma, é dEle que me vem a paciência* (Sl 62, 6), não está fazendo a oração das cômodas desistências, como se dissesse: — «Eu durmo tranquilo reclinado sobre o peito do meu Deus, desligo-me de tudo, e Ele que faça o que julgar melhor».

O bom cristão é sempre parecido com São João, pelo menos em uma coisa: o seu modo de repousar em Deus consiste em reclinar a cabeça sobre o Coração de Cristo. E o Coração de Jesus está em chamas: mais do que repousos, contagia ardores.

Queremos saber qual é a fogueira que lhe anda no peito? Ouçamos umas palavras que pronunciou pouco antes da sua Paixão, e que deixam entrever as labaredas da *santa impaciência* que o consumia por dentro: *Eu vim lançar fogo à terra, e que quero senão que ele se acenda? Tenho de receber um batismo [o derramamento salvador do seu sangue], e quanto anseio até que ele se cumpra!* (Lc 12, 49-50).

O Senhor aguardava, ansioso, a «sua hora», o momento em que levaria à plenitude, no alto da Cruz, a obra redentora, e esse desejo queimava-o por dentro. Queria com todas as suas forças — disposto a dar a vida até à última gota de sangue — que a Verdade e a Vida divinas se alastrassem em chamas por toda a terra. E aguardava essa hora — deixando na mão do Pai os tempos e os momentos — em serena e fervente tensão. Não vivia a calma passividade dos falsos pacientes. Era puro fogo, brasa em crepitação.

Por isso, se antes de encerrarmos estas linhas tivéssemos dado, nem que fosse de leve, a impressão de que a paciência é apenas uma arte de sofrer, de aceitar, de persistir no sacrifício, *e mais nada*, estaríamos deixando o leitor com um equívoco na alma. «A paciência cristã — diz um autor — nada tem a ver com os temperamentos fleumáticos [...]. O fleumático nunca se impacienta, porque para ele nada existe que o comova interiormente [...]. Quem não tem interesse por alguma coisa, é natural que possa esperar muito tempo: nunca perderá a calma, nunca experimentará a urgência estimulante, nunca sentirá impaciência»[7].

Mas aquele que possui o ideal cristão e experimenta o zelo pela missão que Deus lhe confiou não se afunda na calma inexpressiva do comodista. Estimulado por uma nobre inquietação, tem pressa em aproveitar — por amor a Deus e aos homens — todos os instantes da sua vida, e, sem permitir que a pressa o torne precipitado, não deixa para amanhã o que hoje pode oferecer ao Senhor.

O quadro completo da paciência só se abrange quando se recordam as palavras de São Tomás de Aquino, já citadas nestas páginas: «Só o amor é causa da paciência». É nisto que está a autenticidade

---

[7] Hildebrand, *obra citada*, pp. 202-203.

desta virtude. Aquele grande amor que, com a ajuda da graça divina, nos dá forças para aceitar, sorrindo e de olhos postos em Deus, as pequenas contrariedades e as grandes dores; aquele grande amor que nos dá energia para sermos fiéis e persistir pacientemente na luta um dia após outro, é o mesmo amor que acende na alma os grandes ideais e nos impele a realizá-los com o maior ardor e prontidão de que a nossa inteligência e a nossa vontade sejam capazes. A mesma paciência que aceita torna-se divinamente impaciente em seus desejos de amar, de dar, de edificar. Não precipita atabalhoadamente as coisas, mas tem pressa, quer andar — como gostava de dizer Mons. Escrivá — «ao passo de Deus», ao ritmo das graças e das oportunidades que o Senhor nos dá, sem nada perder, sem nada atrasar.

Por isso, não é incoerente que um livro que começou por citar e glosar a frase «Tenha santa paciência», termine — com o favor de Deus — espicaçando o leitor a que se lance com brio a dar o melhor de si mesmo e a cumprir com entusiasmo a missão que certamente Deus lhe confiou, enquanto lhe diz, como despedida: «Tenha santa impaciência!»

Direção geral
Renata Ferlin Sugai

Direção editorial
Hugo Langone

Produção editorial
Juliana Amato
Gabriela Haeitmann
Ronaldo Vasconcelos
Daniel Araújo

Capa
Provazi Design

Diagramação
Sérgio Ramalho

ESTE LIVRO ACABOU DE SE IMPRIMIR
A 30 DE SETEMBRO DE 2024,
EM PAPEL OFFSET 75 g/m^2.